LA FRESQUE DE
MUSSOLINI

FILIPPO SALVATORE

LA FRESQUE DE MUSSOLINI

Guernica

Les Éditions Guernica
C.P. 633, Succursale N.D.G.
Montréal, Québec, Canada H4A 3R1

Cette publication a été rendue possible grâce à une
contribution de Multiculturalisme Canada.

Dépôt légal — 3ᵉ trimestre
Bibliothèque nationale du Québec et
Bibliothèque nationale du Canada

Données de catalogage avant publication (Canada)
Salvatore, Filippo, 1948-
La fresque de Mussolini

Pièce de théâtre.
ISBN 2-89135-012-X

I. Titre.

PS8587.A358F74 1985   C842'.54   C85-090145-6
PQ3919.2.S34F74 1985

Dans un principe de vraisemblance, l'idéal serait d'interpréter la pièce en quatre langues: le français, l'anglais, l'italien, et le dialecte italien du Molise. Mais pour des raisons pratiques évidentes, j'ai choisi de l'écrire en prenant comme convention, la langue française.

Les diapositives sont là pour dynamiser l'espace. Elles sont choisies en fonction d'un souci de documentation historique: transposer la vérité historique au théâtre à travers l'image de l'époque. Ce choix s'inscrit également dans une volonté chorale: le protagoniste de la pièce étant l'Histoire.

PERSONNAGES

Personnages principaux

FABRIZIO TINCHERI:

Jeune homme dans la trentaine, de belle taille, mince, distingué, élégant, a du charisme. Il vient de Florence, parle français avec un léger accent italien. C'est le peintre de la fresque.

CATHY (CATERINA) DE MARINIS:

Jeune femme dans la vingtaine, mince, assez grande, brune, d'une beauté méridionale. D'abord habillée de façon quelconque, puis plus élégante. Née à Montréal, elle parle français avec un léger accent d'italien et d'anglais.

MICHELE VILLANI:

Homme dans la quarantaine, de taille moyenne, déjà lourd, de type méridional. Il parle français avec un fort accent italien. Journaliste, directeur de l'hebdomadaire *La Foglia d'Acero* (La Feuille d'érable).

GENEVIÈVE de GASPÉ-BEAUBIEN:

Femme dans la trentaine, grande, élancée, blonde, élégante. Femme de l'ex-consul canadien à Paris, parle français avec l'accent pointu.

Les Italo-canadiens

FRANCK DE MARINIS:

Homme dans la cinquantaine, grand, costaud, de type paysan. Il travaille à la Canadian Pacific Railway. Originaire d'un village de la région Molise. Ne parle pas français très bien et avec un accent italien.

ROSA DE MARINIS:

Femme dans la quarantaine, grande, mince, cheveux longs noirs. Vient du même village que Franck. Elle travaille comme opératrice à la Commonwealth Textile Company. C'est la mère de Caterina et la femme de Franck.

JOE:

Adolescent, d'allure athlétique. Frère de Cathy.

NICK MARRO:

Homme dans la cinquantaine, grand, ventru, rusé. D'origine sicilienne, parle un mélange de sicilien, de français et d'anglais. *Padrone* (intermédiaire entre travailleurs immigrants et le patronat canadien), propriétaire d'une banque privée, spéculateur foncier.

MARTUCCI:

Homme grand, costaud, de type paysan, mais raffiné, onctueux. Évêque auxiliaire de la Ville de Montréal.

Les Italiens

TRAVAGLINI:

Homme dans la quarantaine. Travaille au consulat d'Italie.

GRAZIANI:

Homme d'âge mûr, chauve, taille moyenne, bien bâti. Directeur de l'école italienne du samedi.

MANFREDINI:

Prêtre dans la cinquantaine. Portant une soutane usée. Petit, mince, intelligent. Historien amateur.

SCIPIONE D'ALBA-FARNESE:

Homme dans la quarantaine, de type aristocratique, parle français avec un léger accent italien. Consul général d'Italie à Montréal.

CLOTILDE D'ALBA-FARNESE:

La femme du consul d'Italie.

Les Canadiens

JEAN-CHARLES de GASPÉ-BEAUBIEN:

Homme dans la quarantaine passée, cheveux grisonnants, bedonnant, effacé. Parle français avec l'accent québécois. Ex-consul canadien à Paris.

LE CHANOINE LIONEL GROULX:

Homme dans la quarantaine à l'époque. Historien à l'Université de Montréal.

CAMILLIEN HOUDE:

Maire de la ville de Montréal.

Dr NORMAN BETHUNE:

Homme presque dans la quarantaine à l'époque. Chirurgien de tuberculose pulmonaire à l'Hôpital Royal Victoria.

STEPHEN LEACOCK:

D'âge avancé. Professeur de sciences politiques à l'Université McGill.

Figurants

Policiers
Typographes
Danseurs du bal
Militaires de l'Armée canadienne

PREMIÈRE SCÈNE

Sur le fond de la scène, en perspective, l'image de la voûte de l'église sans peinture. Intérieur de l'église. Un autel au centre de la scène avec un crucifix à l'arrière. Côté jardin, une chaire. À l'avant deux rangées de bancs séparées par une allée. D'un vitrail multicolore, un faisceau de lumière extérieure pénètre dans la pénombre de l'église.

On entend un brouhaha: des commandements qui dirigent des exercices d'éducation physique, donnés par des voix d'hommes et de femmes. Des pas de course, des exclamations et des encouragements de voix enfantines. D'une porte latérale, deux hommes entrent et se dirigent lentement en regardant autour d'eux, vers le centre de la scène en face de l'autel. Simultanément, on entend un ordre crié

d'une voix d'homme claire et forte: Pré-
sentez armes! *Puis une musique enre-
gistrée entonne la chanson fasciste,* Gio-
vinezza, Giovinezza *(en italien). Les deux
hommes dans l'église prêtent l'oreille à la
musique avec un sourire d'approbation.
À la fin de la chanson:*

MANFREDINI

Belle jeunesse, belle jeunesse, Monsieur le pro-
fesseur.

Faisant un clin d'œil un peu ironique.

Mens sana in corpore sano! comme disaient nos
aïeux. Eh oui, belle jeunesse, nous avons ici à
Montréal tout ce qu'il faut pour devenir le
modèle des colonies italiennes à l'étranger. Le
talent est là, il s'agit de bien le mettre à profit.
Comme vous avez pû le constater, nous appli-
quons la nouvelle approche pédagogique fas-
ciste: on apprend beaucoup mieux si le corps
fonctionne bien.

FABRIZIO

Vous avez tout à fait raison, cela se voit tout de
suite, même pour moi, qui viens d'arriver à
Montréal.

MANFREDINI

C'est que nous avons maintenant plus de 2 000 élèves à l'école du samedi qui apprennent la langue italienne et les traditions de notre patrie. Notre colonie n'est pas très nombreuse mais bien organisée. Nous sommes environ 40 000 ici. En toute modestie, nous faisons notre travail comme il faut. Nos rapports avec les autorités religieuses et politiques du Québec sont excellents. Notre Duce est très bien vu et très admiré. Saviez-vous que le maire de Montréal a affiché dans son bureau le portrait de Mussolini, plutôt que celui du Roi?

FABRIZIO

Intéressé.

Vraiment? mais c'est très bien!

Ils échangent un sourire complice.

MANFREDINI

Redevenant sérieux.

Évidemment, il y a quelques provocateurs, même parmi les nôtres. Comme cet «écrivailleur» de Villani, qui ose s'appeler journaliste parce qu'il publie *La Foglia d'Acero*.

FABRIZIO

Est-il communiste?

MANFREDINI

Je ne crois pas. Il se dit socialiste et se vante d'avoir étudié avec Salvemini; il se considère comme son disciple.

FABRIZIO

Salvemini, ah...

Il hoche la tête.

Oui, oui, maintenant il enseigne aux États-Unis, je crois.

MANFREDINI

Il enseigne à Harvard. C'est le docteur Prezzolini, directeur de la Casa d'Italia de New York, qui m'a parlé de lui lors de sa visite à notre église.

Ironique.

À propos, il m'a raconté que le grand Salvemini, qui parle un anglais presque incompréhensible, a dans ses cours d'histoire, le nombre impressionnant de cinq étudiants...

De plus en plus ironique.

Il s'agit de savoir s'ils finissent le cours.

Par la porte latérale, deux hommes en-
trent: le premier porte une soutane rouge
d'évêque, l'autre est en complet-cravate.
Manfredini et Fabrizio se tournent vers
eux et les accueillent chaleureusement.

Excellence, Monsieur le directeur, entrez, entrez!

MARTUCCI

Se tournant vers Graziani.

Mes félicitations, quel spectacle! *Corpi gagliardi*
ma con timor di Dio. Des corps de gaillards, mais
dans la crainte de Dieu.

GRAZIANI

Sur un ton pénétré de l'importance de ses
fonctions.

Excellence, on nous attend au sous-sol. Vous
allez y rencontrer chacun de nos coopérants.
Madame Labelli a une surprise pour vous. Nous
allons projeter dans l'amphithéâtre un film histo-
rique que nous venons de recevoir de Rome: la
cérémonie de la signature du concordat entre le
Vatican et notre Duce!

MARTUCCI

Magnifique, magnifique. Quelle grande inven-
tion que le cinéma: nous allons revivre des
moments inoubliables!

GRAZIANI

Par ici, s'il-vous-plaît.

Se tournant vers le curé et Fabrizio.

Évidemment, vous êtes aussi invités!

Ils s'éloignent et sortent par une porte derrière l'autel, à côté de la chaire.

MANFREDINI

Nous vous rejoignons tout de suite, j'ai encore quelques détails à revoir avec Monsieur le professeur.

DEUXIÈME SCÈNE

MANFREDINI

Se tournant vers Fabrizio.

Je vous disais donc, chez Monsieur Tincheri, que notre colonie a tout ce qu'il faut pour devenir le modèle des colonies italiennes à l'étranger. Elle commence à avoir du prestige! Saviez-vous que c'est Giovanni Caboto — évidemment ici, les Anglais l'appellent John Cabot — qui est arrivé au Canada le premier?

Il s'interrompt et plus bas avec un air malicieux.

J'ai un projet... j'ai un projet...

FABRIZIO

Amusé et curieux.

Dites, mon père, dites...

Pas encore, pas encore... Oui, je vous disais, Giovanni Caboto... Et c'est un autre italien, Giovanni Da Verazzano qui l'a appelé Nova Gallia, Nouvelle France, dont la première description a d'ailleurs était faite par un père jésuite, grand et méconnu: Francesco Bressani...

> *Il s'échauffe de plus en plus, et se rapproche encore de Fabrizio, qui sourit d'un air enthousiaste.*

Et il y a Carignan, Carignano évidemment, le piémontais, et l'explorateur Tonti...

> *Il s'interrompt et pèse ses mots.*

On m'a même dit que Jean Talon pourrait être Giovanni Tallone... Ah, les racines de notre colonie sont bien solides au Canada! Savez-vous d'où vient le nom de notre ville?

FABRIZIO

Mi-étonné, mi-rieur.

Montréal? Non, je ne crois pas. J'ai toujours pensé...

MANFREDINI

L'interrompant avec emphase.

Eh bien, le nom de Montréal a été donné à cette

ville, jeune homme, comme expression d'amitié pour le cardinal Hyppolite de Médicis, que Cartier avait connu en France à la cour du roi François Ier. Et ce cardinal de Médicis était à l'époque, évêque du diocèse de Monreale, près de Palerme en Sicile!

FABRIZIO

S'exclamant.

Mon père, c'est tout à fait...

MANFREDINI

L'interrompant de la voix et du geste.

Et ce n'est pas tout. Attendez... à la bataille des plaines d'Abraham, vous savez quand la ville de Québec fut conquise par les Anglais, bon nombre de soldats du général Montcalm étaient italiens! Et en 1837, pendant la révolte de Papineau, le drapeau tricolore des patriotes canadiens-français, imitait le tricolore de notre glorieux risorgimento!

Il s'arrête essoufflé, et reprend après une pause, sur un ton plus compassé.

Nos racines sont bien profondes au Canada! Sans oublier le rôle prépondérant de l'Église Catholique dans la colonisation de ces terres, car comme disait l'illustre Valla: «Là où on parle le Latin, règne le génie italien».

Ils rient.

FABRIZIO

Cela me surprend que vous mentionniez Valla! Si je me souviens bien Lorenzo Valla est... l'humaniste qui a jeté le déshonneur sur la papauté, en démontrant que la donation de Constantin était fausse.

MANFREDINI

Surpris.

Errare humanum est.

FABRIZIO

Sed perseverare diabolicom.

Ironique.

Mais revenons à Montréal. Cette église-ci, m'a-t-on dit, est une des plus grandes parmi les colonies italiennes?

MANFREDINI

Mais absolument, cher Monsieur Tincheri! Tenez, il y a quelques semaines, le professeur Giuseppe Prezzolini, venu de New York donner une conférence à Montréal, nous a fait l'honneur de visiter notre église. Dans un article sur notre colonie, il a écrit: «l'Église Notre-Dame-de-la-

Défense est l'une des plus élégantes qui aient été construites par le clergé italien d'Amérique.»

Fabrizio fait quelques pas au centre de l'église, la tête levée, il examine les voûtes.

Eh oui, voilà notre église! *Nostra Signora della Difesa.*

FABRIZIO

Pourquoi della Difesa?

MANFREDINI

J'y reviendrai, j'y reviendrai. Laissez-moi d'abord vous raconter son histoire.

Il prend une pause, rejoint Fabrizio et croisant les mains, commence:

Au début du siècle, les quelques milliers d'immigrés italiens de Montréal, habitaient surtout dans le quartier de l'Église Notre-Dame du Mont-Carmel, plus au sud de la ville.

FABRIZIO

Ah, bon? Et comment a-t-on réussi à bâtir cette église-ci? Elle est située au nord, n'est-ce pas?

MANFREDINI

En effet. Mais dans la partie nord-est de la ville, quelques 200 familles italiennes s'étaient aussi établies çà et là, dans des rues à peine tracées et avec des champs tout autour... Ces familles venaient du sud de l'Italie, en particulier des provinces de Campobasso et de Caserta.

FABRIZIO

Ah oui! La famille des De Marinis chez qui je loge depuis mon arrivée vient de Guglionesi, un village de la province de Campobasso.

MANFREDINI

De braves gens, les De Marinis. Franck, le père, est un bon travailleur; sa femme travaille également, en usine...

Un soupir.

Travailleurs, ça oui, et bons chrétiens! Mais on m'a dit que depuis quelques temps, il a établi des liens d'amitiés avec Villani, le socialiste, le journaliste... Ils ont une fille très intelligente, et jolie... je l'ai vue grandir sous mes yeux.

FABRIZIO

Le coupant un peu trop vivement.

Cathy!

Il se reprend, et, d'un ton plus mesuré.

Une très belle jeune fille, et... intelligente, vous avez raison, avec des idées... modernes!

MANFREDINI

Souriant d'un air entendu.

En effet, Monsieur le professeur, en effet. Mais revenons à notre église: je disais donc que ces 200 familles italiennes ont demandé à Monseigneur Bruchesi de leur accorder une paroisse avec une église dans leur quartier; et c'est ainsi que le 21 octobre 1910, la nouvelle paroisse fut appelée Notre-Dame de la Défense, della Difesa, c'est-à-dire du secours, de la protection.

FABRIZIO

Et qui l'a construite?

MANFREDINI

Le professeur Aldo Carli, un Toscan comme vous. Comme vous voyez le style est romain...

Ils continuent à s'avancer et Manfredini désignant le plafond d'un doigt tendu.

Les moyens étaient limités évidemment, et il n'y a pas de clocher. Et la coupole a dû être abaissée.

FABRIZIO

Mais c'est une belle œuvre...

S'approchant de l'autel.

Je vois du marbre de Carrare, n'est-ce pas?

MANFREDINI

Oui, oui. La balustrade, l'autel et la chaire sont en marbre blanc de Carrare.

Faisant un geste du bras circulaire en hauteur vers les faisceaux de lumière.

Et quant aux vitraux, les 12 apôtres de l'absyde ont été peints par le professeur Carli, mais...

Il se tourne anxieusement vers Fabrizio et pointe du doigt vers la coupole, solennel.

La partie essentielle, celle qui va donner tout son caractère à notre église, c'est la fresque que vous allez peindre!

Des bruits de pas se font entendre. Un jeune homme fait irruption dans l'église et interrompt.

JOE

Excusez-moi, mon père, monsieur...: madame Sabelli vous attend.

MANFREDINI

Nous arrivons, nous arrivons.

Ils se dirigent vers une porte sur la gauche et sortent après une génuflexion devant l'autel. Fabrizio est resté un peu en arrière

*et sort à reculons en regardant intensé-
ment la coupole.*

TROISIÈME SCÈNE

Sur un écran à l'avant du rideau de scène, projection du film sur la signature du Concordat. Image gelée sur Mussolini et le cardinal.

Bande-son (Off): Applaudissements.

Voix d'enfants: Viva il Duce! Viva il Papa!

MARTUCCI

Voix-off.

Mes chers enfants, chers coopérants, Monsieur le Directeur... Par cette signature avec notre Sainte Église catholique romaine, le Duce a démontré qu'il a été choisi par la Divine Providence pour défendre les valeurs sacro-saintes de notre civilisation occidentale. Notre Duce a mis fin à la rupture entre l'État et l'Église, que les francs-maçons et les socialistes avaient engendrée, lors de la capitulation de Rome en 1870. Soyez fiers de votre origine Italienne. Soyez de bons catholiques et bons Canadiens.

QUATRIÈME SCÈNE

*Projection de diapositives sur le fond de
la scène:*
   *Plan d'ensemble du pavillon
   principal de l'Université de Montréal.
   Hall d'entrée du même pavillon.
   Choix de détails rappelant le style
   architectural des édifices fascistes.
   Gros plan sur une colonne.*

*Sur la scène le bureau du chanoine: rayon-
nages de livres à l'arrière, un bureau, et
sur le mur, des photos de Louis-Joseph
Papineau et Louis Riel. Et un drapeau tri-
colore vert-blanc-rouge des patriotes ca-
nadiens-français. Le chanoine Groulx, un
homme de petite taille, la quarantaine
avancée, portant des lunettes, en soutane
noire, nerveux. Il est assis à son bureau et
travaille. Des livres sont ouverts devant
lui. Le téléphone sonne, il décroche et
répond:*

L. GROULX

Oui, oui. Faites-le monter.

On frappe à la porte.

Oui, entrez!

Fabrizio pénètre dans le bureau, s'avance et tend la main au chanoine qui se lève. Ils se serrent la main.

Le professeur Tincheri? On m'a dit beaucoup de bien de vous. En quoi puis-je vous être utile?

FABRIZIO

Je vous remercie, Monsieur le Chanoine Groulx, de m'accorder une part de votre temps. C'est sur les instances de l'évêque auxiliaire Martucci, que je me suis permis de venir vous faire part d'un projet assez délicat. Vous savez que je suis à Montréal pour peindre la voûte de l'Église Notre-Dame de la Défense?

L. GROULX

Ah oui, la nouvelle église de la colonie italienne sur la rue Dante... Je vous écoute.

Fabrizio, distrait, fixe le mur sur lequel est accroché le drapeau. L. Groulx, amusé:

Non, non ce n'est pas votre tricolore italien. C'est le drapeau de notre Risorgimento inachevé... Je vous écoute.

FABRIZIO

Voici. J'aimerais que cette fresque soit la synthèse d'un message à la fois religieux et historique. J'ai déjà songé à plusieurs hypothèses, mais...

L. GROULX

L'interrompant et commençant à arpenter le hall.

Ah bon! Mais c'est très intéressant, tout ça! Vous voulez donc recourir à mes lumières.

Il rit. Fabrizio, l'arrêtant d'un geste, sort de son carton à dessins, un croquis et le pose sur la table. Ils se penchent tous deux sur l'esquisse; le chanoine intéressé, ajuste ses lunettes.

FABRIZIO

Comme vous voyez, toutes les allégories religieuses et les personnalités ecclésiastiques sont en place. Mon problème réside dans le choix des autorités civiles. On m'a suggéré le débarquement à Terre-Neuve de Giovanni Caboto...

Le chanoine fait un signe de dénégation de la tête.

... ou bien Verrazzano, sur le pont de son bateau, regardant la côte qu'il appellera la Nouvelle France...

Le chanoine, déjà plus intéressé.

L. GROULX

Hum… oui… mais, quelque chose de plus actuel.

FABRIZIO

On m'a suggéré aussi Papineau, à la bataille de Saint-Eustache avec les patriotes, contre les Anglais.

L. GROULX

Ah oui. Oui.

FABRIZIO

Ou bien, Louis Riel, le chef des métis, sur l'échafaud, sur le point d'être pendu par les Orangistes.

L. GROULX

Intéressé, mais songeur.

Oui comme symboles, ils sont parfaits, mais… à exclure, je regrette: ils ont été excommuniés.

> *Il s'arrête, marche de long en large d'un pas nerveux, s'arrête à nouveau devant Fabrizio, et tout à coup, ôte ses lunettes et s'exclame:*

Mais au fait, Monsieur Tincheri. Si vous permettez, puis-je savoir qui vous a suggéré de peindre des autorités civiles? Après tout c'est une fresque d'église! En y réflichissant, cela m'apparaît bien peu orthodoxe!

FABRIZIO

C'est le curé de la paroisse, Monsieur Manfredini, un peu historien, qui s'est fait le porte-parole de la volonté collective de la colonie italienne. Selon lui, et l'évêque Martucci partage cet avis, la fresque de la Difesa doit constituer «une synthèse d'un message à la fois religieux et historique». En toute sincérité, Monsieur le Chanoine, en tant qu'artiste, le mélange du sacré et du profane brise l'homogénéité de l'inspiration. Cela se faisait au temps de la Renaissance, mais aujourd'hui...

Il soupire puis reprend.

À moins que la personnalité civile...

L. GROULX

Plus qu'incarner, transcende la simple réalité historique...

Un silence s'établit pendant lequel les deux hommes semblent réfléchir. Groulx, debout, regarde ses livres. Fabrizio, assis, fixe ses croquis. Se tournant tout à coup vers Fabrizio.

Mais voyons, ce personnage qui transcende l'Histoire, il existe! Il y a dans notre époque un grand homme, que nous aussi admirons beaucoup!

Le visage de Fabrizio s'éclaire et ils s'exclament ensemble:

Le Duce!

Fabrizio se lève et spontanément serre la main du chanoine en souriant. Lui prenant le croquis, indique avec un crayon la partie vide. Et d'un ton solennel:

FABRIZIO

Là!

CINQUIÈME SCÈNE

Projection de diapositives: le Belvédère de Montréal, le panorama de la ville et du fleuve.

C'est l'automne, fin d'après-midi. Devant le parapet, un banc public. Fabrizio et Cathy sont assis. Ils se regardent et s'embrassent.

CATHY

Ah Fabrizio, que je suis heureuse! Tu ne sais pas le courage qu'il m'a fallu pour accepter ton invitation! Il ne faudra pas tarder, pour être à l'heure. Tu sais que chez nous le souper est à 6h!

FABRIZIO

Soupirant.

Oui, Caterina, je le sais! Mais je sais aussi que ça ne peut plus durer comme ça. Toutes ces crain-

tes, ces cachotteries: ce sont des enfantillages!
Combien de temps encore vas-tu continuer à être
comme ça? Il faut que tu prennes une décision,
enfin, si tu m'aimes...?

CATHY

Fabrizio! Tu sais bien que je t'aime! Depuis le
premier moment où je t'ai vu.

*Elle soupire, le regarde amoureusement,
puis posant sa tête sur son épaule, les yeux
brillants:*

J'étais assise près de l'escalier, à la maison; tu es
arrivé et nous nous sommes regardés: j'ai tout de
suite sû! Tu te souviens, Fabrizio?

FABRIZIO

Je me souviens bien sûr, tu étais si jolie ce soir-là.
Et Cathy, je me souviens aussi du jour où nous
étions seuls chez toi: tu te balançais au jardin, je
te regardais de ma fenêtre, et puis tu es montée...

CATHY

*Elle rougit, pose ses lèvres sur la main de
Fabrizio et murmure:*

Mon cœur battait si fort, on ne s'était pourtant
même pas embrassés!

FABRIZIO

Non, mais nous avons parlé, Cathy, souviens-toi!

Il récite les paroles de Cathy en singeant un ton sérieux.

«Je préfère parler anglais, je me sens plus Canadienne qu'Italienne; les Italiens d'ici parlent leur dialecte, ils ne sortent pas de leur quartier, je ne peux plus supporter cette mentalité de ghetto, j'aimerais tout laisser tomber...»

Caterina, tu te souviens? Je te le redis, tout est possible, tu peux t'envoler et découvrir la vie. Et je suis prêt à t'aider, si tu le veux vraiment...

CATHY

Un peu impatientée.

Mais oui, je le veux...

FABRIZIO

Alors ça ne suffit pas de me le dire à moi. Il faut agir, Caterina!

CATHY

Oh Fabrizio, ne soit pas injuste! Tu sais, l'autre soir, quand tu es arrivé à la maison et qu'il y avait avec mes parents: Joe Marchetti et Michele

Villani... j'avais déjà commencé à leur dire, que j'en avais assez et que je partais!

FABRIZIO

Ah c'était donc ça! Ces cris que l'on entendait de loin et cette atmosphère tendue! J'avais bien choisi le moment pour annoncer à ton père que je déménageais de chez vous!

CATHY

Mais oui, justement! J'ai 22 ans et ma mère croit que parce qu'elle me permet de travailler et de garder une partie de mon argent, je devrais être comblée! Et sa dot! mais je lui ai dit que je veux me sentir libre; et vivre seule! Mais elle ne comprend pas, Fabrizio! Pour elle, on ne quitte la maison de son père que pour entrer dans celle de son mari. Une fille qui vit seule est une fille perdue. Ce sont les françaises qui se conduisent comme ça, pas nous!

FABRIZIO

Je sais, Cathy, je me rends compte combien c'est une décision difficile à prendre pour toi! Les valeurs des gens comme tes parents sont restées traditionnelles: ce sont des Italiens de l'ancienne mode, en fin de compte, des provinciaux!

CATHY

Mais moi non, Fabrizio! Et ça, ils ne veulent pas l'admettre! Les enterrements, les mariages, les voisins, la bienséance et les jeunes filles obéissantes, ce n'est pas pour moi! Je veux sortir de cette maison, et de cette vie étriquée, et tant pis s'ils me traitent d'ingrate!

FABRIZIO

Oui, ma Caterina, je t'aiderai ne crains rien!

CATHY

Joyeuse.

Oh! Fabrizio! nous allons partir? Et nous serons toujours ensemble?

Puis rembrunie:

Ma mère va tellement pleurer, et qu'est-ce que les autres vont dire? Mes amies n'auraient pas le courage de faire ça! Mais après tout je suis bien celle qu'on traite de tête chaude.

FABRIZIO

Cathy, c'est difficile, mais c'est ta vie, après tout!

Ils se regardent, s'étreignent. Cathy pose son visage sur l'épaule de Fabrizio. Ils se lèvent et vont vers le fond de la scène.

SIXIÈME SCÈNE

La réception.

Projection de diapositives sur le fond de la scène: vue d'ensemble du Château Dufresnes. Sur le fronton, on peut lire: Consolato Generale d'Italia. *La diapositive s'éteint. Le décor s'allume: trois portes-fenêtres tapissent le fond de la scène Elles sont entrouvertes et très éclairées. Sur la scène, une terrasse avec des plantes grimpantes et des bancs. Un groupe d'hommes discutent: un officier de l'armée canadienne, un jeune homme en chemise brune avec l'uniforme du parti fasciste canadien de Gabriel Arcand et un autre habillé en ardito.*

Deux couples sont assis. Un serviteur circule, à la main, un plateau garni de coupes.

De la grande salle que l'on devine derrière les portes vitrées, parviennent des voix et de la musique. Valses et chansons napolitaines jouées par un orchestre.

Fabrizio sort d'une porte-fenêtre, s'approche de l'un des couples et fait un baise-main à l'une des femmes. Il s'éloigne vers la gauche de la scène, près des rosiers. La porte-fenêtre de droite s'ouvre et deux jeunes femmes essoufflées entrent en riant.

CLOTILDE

S'épongeant le visage avec un mouchoir de dentelles.

Geneviève, j'adore danser la valse, mais quelle chaleur dans ce salon! Restons un peu dehors! Je n'ai pas eu un moment seule avec toi pour te parler! Depuis quand êtes-vous rentrés de Paris? Et Jean-Charles? Son foie le fait-il toujours souffrir?

Geneviève l'écoute distraitement jetant des regards furtifs dans la direction de Fabrizio. Celui-ci se détache des rosiers, Clotilde l'aperçoit.

Oh, mais quelle surprise! Geneviève, je te présente le docteur Fabrizio Tincheri, notre grand artiste.

Fabrizio s'approche.

FABRIZIO

Trop aimable, chère Madame. Je ne fais que servir notre glorieuse tradition florentine!

Il baise la main de Clotilde et s'incline devant Geneviève.

CLOTILDE

Je vous présente Geneviève de Gaspé-Beaubien, l'épouse de l'ex-ambassadeur canadien à Paris.

FABRIZIO

La *naturalezza* canadienne avec le raffinement Parisien! très beau mélange... Castiglione l'aurait appelé *sprezzatura*.

GENEVIÈVE

Cachant son trouble et avec une pointe d'ironie dans la voix.

La galanterie florentine n'a pas de limites. Vous ne me dites pas que mon profil vous rappelle le printemps de Botticelli?

Tous trois rient. Un homme fait signe de la main à Clotilde pour qu'elle rentre.

CLOTILDE

Excusez-moi, mon devoir d'hôtesse m'appelle.

Elle s'éloigne.

La musique s'arrête. Le même homme tape dans ses mains pour attirer l'attention des invités et annonce à haute voix:

Mesdames et Messieurs, votre attention s'il-vous-plaît!

Tous les gens sur la scène se pressent vers les portes-fenêtres et écoutent de dos. La fenêtre centrale est ouverte. L'homme poursuit en entrant dans la salle de bal. On l'entend de la terrasse.

J'ai le plaisir et l'honneur de vous présenter le nouveau consul d'Italie: Comte Scipione d'Alba Farnese.

Le Docteur d'Alba Farnese fait partie du corps diplomatique italien depuis sept ans. D'abord vice-consul à Budapest pendant deux ans, puis premier secrétaire politique de l'Ambassade d'Italie à Paris et maintenant, nous avons le privilège de l'accueillir parmi nous à Montréal en tant que premier consul.

Applaudissements. Quelques instants de silence. Puis la voix du consul s'élève.

Geneviève et Fabrizio de dos, écoutent et se chuchotent des choses en se regardant d'un air complice et en se souriant.

LE CONSUL

Mesdames et Messieurs, je ne vous ennuierai pas avec un long discours. Je tiens seulement à vous dire que je suis heureux d'être ici à Montréal, berceau de la présence française et latine en Amérique du Nord.

Tout le monde applaudit poliment. Il reprend:

On m'a déjà parlé de notre colonie italienne. Je tiens à la féliciter de son attachement à sa patrie d'origine, de son amour pour sa nouvelle patrie, de sa profonde foi chrétienne et de sa fidélité à nos valeurs morales, comme l'unité de la famille. Notre Duce aime bien les grandes familles.

L'assistance rit. Fabrizio et Geneviève continuent de se regarder.

Et on m'a dit que les Canadiens-français ne sont pas mal non plus...

Éclats de rire.

Je m'engage, Mesdames et Messieurs, à mettre toute mon énergie au service de notre colonie, que nous considérons comme partie intégrante de notre glorieuse patrie. Il me fait grand plaisir de voir parmi nous des *camerati* canadiens! J'ai fini, Mesdames et Messieurs. Bon appétit et bonne danse!

> *La musique reprend. Des flashes crépitent derrière les fenêtres. Geneviève, Fabrizio et les autres personnes, quittent la terrasse pour aller danser. Un moment passe, la terrasse reste vide; en contre-jour on distingue des couples qui valsent. Villani apparaît sur la terrasse. Il s'assoit, l'air fatigué, près d'un rosier. Puis de la porte-fenêtre centrale, deux hommes entrent sur la terrasse, l'un porte une écharpe de dignitaire. L'autre est habillé de façon un peu voyante. Il se met à parler au dignitaire, d'une voix trop forte:*

MARRO

Alors, Monsieur le Maire, vous êtes bien d'accord? Nous partageons les profits? *Fifty-fifty*? Mais il faudra me donner le lot de la Casa d'Italia *free*, eh?

> *Villani a sursauté. Il se tasse encore davantage dans l'ombre derrière les rosiers et regarde entre les feuilles. Il écoute attentivement.*

> *Se rapprochant toujours du maire.*

Le boom de la construction a déjà commencé. Dans quelques années, Mile End sera plein de maisons. Il y a de bonnes affaires à faire.

Il rit tout seul de son jeu de mots.

LE MAIRE

D'une voix plus mesurée et en hochant la tête.

Hum, hum, mais cette maison d'Italie, il faut que ce soit quelque chose de remarquable du point de vue architectural. J'aimerais beaucoup en faire une réplique de l'architecture fasciste du quartier EUR, que j'ai visité pendant mon séjour à Rome.

MARRO

Magnifice. Magnifique. J'ai la personne qu'il vous faut pour ça. Vous savez, ce Tincheri, il connaît aussi l'architecture!

LE MAIRE

En effet, on m'a dit que la fresque promet d'être très réussie. Il faudra que j'aille voir.

MARRO

Elle est presque terminée, il travaille bien ce garçon.

*À ce moment-là, un couple sort sur la ter-
rasse. Marro et le Maire s'éloignent un
peu sur le côté et baissent le ton. Villani
sort un peu du rosier et essaie de s'ap-
procher un peu des voix. On entend quel-
ques mots:*

Exclusivité... Pourcentage... force... terrains à
bâtir... éliminer...

*Le Maire et Marro se serrent la main et se
donnent l'accolade en riant. Ils se dirigent
vers le salon.*

Allons fêter ça!

*Villani s'est rencogné brusquement et les
regarde entrer au salon.*

SEPTIÈME SCÈNE

Intérieur d'une imprimerie. Des tables, des piles de journaux partout. Villani est assis sur le bord d'une table. Franck se tient debout devant lui.

Projection de diapositives dans le fond de de la scène: images de machines rotatives et presses de l'époque. Bruit ambiant d'une imprimerie. Dans le fond des ouvriers typographes travaillent.

VILLANI

Franck, vous vous rendez compte! Il a accepté! Salvemini vient à Montréal. J'ai reçu sa lettre cet après-midi, regardez, il accepte!

Il lui tend une lettre.

FRANCK

C'est quoi ce mot-là? Quelle écriture!

VILLANI

Rit et reprend d'un ton enthousiaste.

On va leur montrer à ces notables! Salvemini va parler des origines historiques et de la vraie nature du fascisme. Vous verrez, Franck, les gens vont comprendre! Et j'irai à l'Hôpital Royal Victoria inviter le docteur Norman Bethune. Ce sera quelque chose de grand! La plus grande manifestation anti-fasciste du Canada.

FRANCK

Tu crois, Michele, tu crois?

VILLANI

Mais oui, Franck! Vous avez bien vu l'autre jour à la réunion! Les ouvriers écoutaient et ils approuvaient, non? Vous vous souvenez de ce que j'ai dit? Qu'ils viennent, les intellectuels canadiens, qu'ils viennent voir ce que des hommes comme le Docteur Bethune ou Gaetano Salvemini pensent du fascisme! Les notables, le consulat, les paroisses, tout le monde dit que notre colonie appuie le régime de Mussolini. Nous, nous savons que c'est faux! Et ça se saura!

Un ouvrier s'est rapproché. Il interrompt Villani.

L'OUVRIER

C'est vrai tout ça, mais ce sont des paroles, et pendant ce temps les gens n'ont pas de jobs, Monsieur Michele!

VILLANI

Justement, Mario, la crise économique est le reflet de l'injustice sociale! Ce ne sont sûrement pas des grands industriels américains comme Morgan, Rockfeller ou Ford, ni leurs laquais canadiens, qui nous la donneront la justice sociale!

Encore moins les politicailleurs comme Bennett ou Aberhart!

Il se tourne vers Franck.

Comment peut-on respecter ici un individu comme Adrien Arcand, cette caricature canadienne française d'Hitler? Comment peuvent-ils prendre au sérieux notre maire, ce Camillien Houde, cette grotesque contrefigure de Mussolini? Il faut arracher notre peuple de l'ignorance dans laquelle tous ces démagogues le gardent!

FRANCK

Tu as raison, Michele, tu as raison, mais tu penses que ce congrès fera tout ça?

VILLANI

Mais oui! On va frapper un grand coup. Rends-toi compte: le congrès de fondation de l'aile québécoise du CCF: avec tous les camarades, et Bethune, et maintenant l'illustre historien anti-fasciste Salvemini en personne, comme invité d'honneur! Tous les antifascistes seront là, ce sera une date...

> *Il termine à peine sa phrase que la porte d'entrée sur le côté est violemment enfoncée. Des policiers se précipitent à l'intérieur du local d'imprimerie.*

LE SERGENT

Confisquez toutes les copies, brûlez-les toutes sans exception. On va leur donner une leçon à ces maudits communistes!

> *Les policiers et Villani, aidé de deux ouvriers, commencent à se battre. Recevant un coup de poing, Franck est jeté par terre. Le rideau tombe sur la bagarre.*

HUITIÈME SCÈNE

Projection de diapositives: vues sur le Royal Victoria Hospital, puis sur l'Université McGill, le campus et le Faculty Club. Cette dernière diapositive reste. La scène s'éclaire. Intérieur du Faculty Club. Des tables basses, des fauteuils. À une table, deux hommes: Stephen Leacock et un autre professeur boivent du thé et fument.

À une autre table à côté, Villani et Bethune. Un garçon circule avec des journaux et un plateau sur lequel des verres sont posés.

LE GARÇON

Vous savez, Docteur Bethune, ce Monsieur Wilson que vous avez opéré des poumons l'été dernier, est mon cousin. Et il va très bien maintenant!

Dr BETHUNE

Ah bon! Je suis très content. Saluez-le de ma part.

Le garçon s'éloigne.

Nous disions donc, Monsieur Villani, ce congrès...

VILLANI

Oui, Docteur Bethune, vous allez faire un discours vous aussi n'est-ce pas? Je dois écrire au professeur Salvemini pour lui envoyer la liste des orateurs. Je compte sur vous. Nous ne serons jamais assez nombreux contre ces fascistes! Ils deviennent de plus en plus arrogants. Ici, à Montréal, j'ai vu en venant vous rencontrer Adrien Arcand et ses fascistes manifester contre les régimes socialistes en Espagne et en France! Tout ça va mal finir...

> *Bethune l'écoute. Tout à coup à la table voisine un homme, Leacock, s'est mis à déclamer à haute voix. Il lit un poème tiré d'un livre qu'il tient dans ses mains. Quand il a terminé:*

Dr BETHUNE

C'est le «Second Coming» de Yeats. Vous connaissez?

VILLANI

Non, je regrette.

Dr BETHUNE

Leacock, fasciste! Je ne l'aurais pas cru de lui.
Vous voyez, le fascisme, c'est comme la tubercu-
lose, c'est contagieux! Songez un peu à ce que ce
fou de Mosley dit et fait en Angleterre. On dit
même que Churchill a tenu des propos élogieux
sur Mussolini, alors...

VILLAMI

Même en France! Maurras, Bernanos, Céline...
c'est un fléau! Tout ça mènera à la destruction de
l'Europe. J'ai bien peur que ça éclate en Espagne
aussi, et même en Afrique. Ce fou de Mussolini
se prépare à venger le déshonneur de la défaite
d'Adua. Il y a déjà eu des accrochages aux fron-
tières entre la Somalie italienne et l'Éthiopie.

Dr BETHUNE

Sans compter les Japonais! Ils convoitent depuis
longtemps la Corée et la Mandchourie.

Un petit silence, les deux boivent.

VILLANI

Le congrès aura lieu au mois d'avril. Il nous reste

encore quelques mois pour nous préparer.

Leacock et d'autres professeurs se lèvent et sortent.

NEUVIÈME SCÈNE

*Le soir dans la cuisine chez les De Marinis.
Franck assis à la table devant un fond de
bouteille de vin. De temps en temps il boit
une gorgée tout en lisant le journal. Rosa
débarrasse la table avec des gestes ner-
veux et en jetant des regards courroucés à
son mari. Soudain, Franck pose son jour-
nal et assène un grand coup de poing sur
la table.*

FRANCK

Tu vas te calmer, oui ou non? Le monde a tou-
jours été un bordel, qu'est-ce qu'on peut y faire?
Dis-moi exactement comment les choses se sont
passées aujourd'hui?

ROSA

On parle de démocratie en Amérique, c'est in-
croyable! On nous traite comme des chiens et dès

qu'on ouvre la bouche, on nous menace de nous mettre à la porte. Le bruit des machines, la poussière, le travail à la pièce, le rendement. On nous traite comme du bétail et si quelqu'un ose élever la voix, parler de syndicat: on le traite de communiste. Mais fasciste, communiste, la politique moi, je m'en fous! Ce qui m'intéresse c'est ma santé, mes droits, ma dignité.

FRANCK

Parle clairement, explique-toi. Qu'est-ce qu'il y a eu au travail aujourd'hui?

ROSA

Il y a eu que Sam, le Juif, le meilleur coupeur de l'usine, a été foutu à la porte par le patron. Les boss l'ont jeté dehors et insulté devant tout le monde.

FRANCK

Pourquoi? Qu'est-ce qu'il avait fait?

ROSA

Il n'avait rien fait. Il nous parlait... qu'il faudrait faire quelque chose pour la poussière qui nous étouffe et le bruit qui nous casse les oreilles. Il a eu le courage de parler du syndicat pendant l'heure du lunch, mais quand le patron est arrivé, les autres, nos *paesani* aussi, les Italiens, tout le monde a eu peur. Tout le monde a pensé à sa job, à son intérêt et personne n'a rien dit. Et Mr. Woods a chassé ce pauvre Sam comme un chien! Ils ont dit qu'il était un agitateur. Mais il a une famille à faire vivre comme toi et moi. Depuis quelques temps ces pauvres Juifs, on les traite encore plus mal que nous.

FRANCK

Eh oui, *per la Madonna,* c'est ça l'Amérique.

ROSA

Presque au bord des larmes.

Et, en plus, j'ai essayé de dire aux autres que Sam parlait pour nous tous, et ta *paesana*, *la commare* Marietta, celle qui marche toujours comme si on lui pinçait le cul, elle m'a dit que je ferais mieux de m'occuper de mes affaires et de ta dévergondée de fille.

Elle s'assoit, commence à pleurer et à s'essuyer les yeux.

FRANCK

Ah! elle? Je t'avais dit de ne pas accepter ce «professeur» chez nous. Dorénavant, rien que des *paesami* mettront les pieds chez nous. Ne t'en fais pas, cette histoire avec l'artiste ne va plus durer encore bien longtemps!

ROSA

En levant la tête.

Eh qui?

FRANCK

Hier soir, Villani m'a dit ce qui s'est passé à la réception du nouveau consul. Monsieur l'artiste a eu honte d'amener ta fille. Parce que maintenant il s'intéresse aux dames riches et aristocratiques, et mariées en plus! Svergognato! J'ai toujours sû que les riches étaient des salauds, en Italie comme ici! Ils parlent bien, mais ils se fichent de l'honneur des gens pauvres. Tu vois, Villani avait raison! Je sais que tu ne l'aimes pas beaucoup avec ses idées de socialisme, mais c'est un bon gars. Mais Caterina, cette dévergondée, elle ne remettra plus les pieds ici!

ROSA

Toujours pleurant.

Tu dis ça mais elle reste ta fille.

FRANCK

Allez, arrête de pleurer, ça ne sert à rien. C'était comme ça en Italie et c'est la même chose ici. Allons plutôt nous coucher, il est tard!

Ils se lèvent et sortent.

DIXIÈME SCÈNE

Chambre à coucher, la nuit. Deux abat-jour allumés. Sur le lit Cathy est à demi-allongée en déshabillé et feuillette une revue. À gauche à l'avant-scène, Fabrizio travaille à son bureau.

CATHY

Elle se lève, s'approche de Fabrizio, debout derrière lui, caresse ses cheveux, esquisse un mouvement pour l'enlacer et dit:

Tu travailles trop, mon amour. Il est tard, viens te coucher.

FABRIZIO

Réagit brusquement, repousse les mains de Cathy et lui dit froidement en se retournant vers elle.

Je t'ai déjà dit de ne pas me déranger quand je travaille.

CATHY

D'abord surprise, reprend sur un ton triste.

Mais il est presque une heure! Il faut te reposer.

FABRIZIO

Arrête de me parler sur ce ton maternel! Je commence à en avoir assez de tes manières possessives. Fabrizio ceci, Fabrizio cela, assez!

CATHY

Contenant ses larmes.

Mais qu'est-ce que tu as depuis quelques temps? Tu n'es plus le même! Qu'est-ce qui se passe? Tu ne m'aimes plus? Je ne te plais plus?

FABRIZIO

Oh arrête avec ces histoires! Tu ne vois pas que j'ai du travail à faire?

CATHY

Non, Fabrizio, écoute-moi! Tu ne disais pas ça avant. Tu te souviens quand je venais te voir travailler à l'église, tu ne m'as jamais repoussée. Au

contraire! Tu descendais tout de suite de l'écha-
faudage et c'était toi qui venait m'embrasser.

> *Fabrizio pousse un soupir agacé, pose son*
> *crayon. Il plie les bras derrière la nuque et*
> *regarde au plafond sans rien répondre.*

Et puis on sortait *ensemble* le soir! Tu m'emme-
nais partout, tu étais fier de me présenter à tout
le monde. Cette jalouse de Madame Sabelli
m'appelait même ton ombre. Tu te souviens la
soirée chez les Graziani, comme tu me faisais
rougir en m'embrassant devant tout le monde?

> *Elle commence à pleurer.*

Fabrizio, dis-moi quelque chose, parle! Dis-moi
la vérité, est-ce que c'est vrai ce que j'ai entendu
dire?

FABRIZIO

Quoi encore, qu'est-ce que tu as entendu dire?

CATHY

Madame de Gaspé-Beaubien... les gens disent...

FABRIZIO

> *Il sursaute, répond nerveusement.*

Si tu crois tout ce que les gens disent!

CATHY

Ce n'est pas seulement les gens. Mais je le vois bien, je le sens bien. Tu ne m'embrasses plus, tu me repousses chaque fois que je m'approche de toi. Fabrizio... ça fait des semaines qu'on ne fait même plus l'amour!

FABRIZIO

Laisse-moi tranquille avec tes histoires. J'ai pas envie d'en parler, tu vois pas que j'ai ce projet à terminer pour demain!

CATHY

Elle cesse de pleurer et d'un ton furieux.

Non, Fabrizio, je ne te laisserai pas. Cette fois, on va aller jusqu'au bout. On t'a vu au jardin botanique avec cette aristocrate, cette Geneviève. Dis que ce n'est pas vrai! Je veux une réponse claire! Depuis que tu es allé seul à cette réception du Consul d'Italie, tu as toujours des excuses. Aie le courage de dire la vérité cette fois!

FABRIZIO

Tu veux la vérité, je vais te la dire. Eh bien oui, je suis allé au jardin botanique avec Geneviève et ailleurs aussi. Mais qu'est-ce que tu croyais? Qu'on allait passer notre vie ensemble? J'ai besoin, moi, de côtoyer des gens de mon rang. Et puis je ne t'ai jamais rien promis que je sache. C'est toi qui te fais des illusions.

Cathy s'est effondrée sur le lit. Le visage dans ses mains, elle sanglote.

Tu savais bien que je n'étais pas venu à Montréal pour m'y installer. J'ai d'autres ambitions, moi. Il y a plus important pour moi dans la vie que les histoires de cœur. D'ailleurs Geneviève le comprend, elle. Des événements glorieux se préparent en Afrique pour ma patrie, et j'y serai!

Cathy lève la tête, le regarde, hébétée, sous le choc. Elle se lève, essuie ses larmes, regarde Fabrizio avec mépris et dit d'un ton froid:

CATHY

Ce n'est pas toi l'homme que j'ai aimé.

Elle sort.

ONZIÈME SCÈNE

Intérieur de l'église de la Difesa. Des bancs séparés par une allée. Devant l'autel quelques chaises où sont assis les dignitaires. On reconnaît: l'évêque Martucci, le Premier ministre du Québec, le Consul d'Italie, Fabrizio, Manfredini, Lionel Groulx et Travaglini. Devant les dignitaires, un groupe de personnes debout face à eux. Parmi eux on remarque Geneviève, son mari, Mario, Villani, des jeunes gens en chemise noire et des officiers de l'armée canadienne. Tous sont habillés avec élégance.

Projection de la diapositive de la voûte avec la fresque peinte. Au fond les drapeaux du Canada, de l'Italie et du Vatican. Un micro est placé devant les dignitaires.

Mes chers paroissiens, aujourd'hui est pour nous une date mémorable. Après tant de sacrifices, grâce à votre générosité et au talent du professeur Tincheri, nous sommes réunis pour célébrer la consécration de notre église et l'inauguration dans notre église... de son dernier joyau: la fresque de la coupole.

Tout le monde applaudit.

La présence et la contribution des Italiens de génération en génération à l'histoire du Canada, notre patrie d'adoption, a été remarquable. Caboto, Verrazzano, Bressani, Carignano, Tonti, Del Vecchio, Burlamacchi et tout récemment Marconi et Bruchesi, sont des noms gravés dans les annales de l'histoire de ce grand pays. Mais l'exemple le plus radieux de l'empreinte italienne sur l'Histoire est bien sûr, notre Duce, que les plus grands hommes d'état nous envient, ici même au Canada.

Les dignitaires acquiescent poliment.

Voilà pourquoi notre Duce a été immortalisé sur notre fresque par le grand peintre Fabrizio Tincheri. J'invite maintenant le professeur Tincheri à dire quelques mots.

Fabrizio, un peu gêné, monte sur l'estrade, s'approche du microphone et ne réussit qu'à dire:

FABRIZIO

Merci. *Grazie, grazie.*

Applaudissements. Travaglini sort de son rang, fait le tour des chaises des dignitaires, s'approche du Consul d'Italie et lui dit quelque chose à l'oreille. Le Consul sourit d'un air satisfait et ils se serrent la main. Tous les dignitaires se transmettent la nouvelle et paraissent enchantés. Fabrizio s'est rassis. Manfredini lui reprend le micro.

MANFREDINI

J'invite maintenant le Premier Ministre de notre belle province à prendre la parole.

PREMIER MINISTRE

Mesdames et Messieurs, chers concitoyens, c'est avec grand plaisir que j'ai accepté l'invitation à me trouver parmi vous aujourd'hui. Mon discours sera bref puisqu'il me semble que le D^r d'Alba-Farnese a une nouvelle d'une grande importance à vous annoncer. Cependant, je profite de l'occasion pour réitérer l'estime dans laquelle mon gouvernement tient l'apport remarquable de la colonie italienne au développement de notre province et de notre pays. Félicitations à tous!

Applaudissements. Le consul se lève, ils se serrent la main, puis il prend le micro.

LE CONSUL

Chers compatriotes, chers amis, *camerati,* Mesdames, Messieurs, c'est avec une grande émotion que je m'adresse à vous aujourd'hui. J'ai une nouvelle historique à vous apprendre. Notre Duce, Benito Mussolini, vient de déclarer la guerre à l'Éthiopie.

Applaudissements bientôt couverts par d'autres applaudissements du dehors entrecoupés de vivats criés:

Viva l'Italia, viva il Duce!

L'évêque Martucci bénit l'assistance.

DOUZIÈME SCÈNE

Dans l'église qui s'est vidée peu à peu, le consul et Fabrizio sont restés debout. Clotilde et Geneviève restent assises sur un banc du fond et parlent entre elles. Le Consul s'avance vers l'autel pour regarder la fresque de plus près.

LE CONSUL

Monsieur Tincheri, à moi de vous donner mon jugement d'amateur d'art. Votre fresque est vraiment réussie! Cela me rappelle... Boccioni.

FABRIZIO

Merci, Monsieur le Consul, mais c'est plutôt Sironi qui m'intéresse.

LE CONSUL

Oui, mais j'y décelle une trace de Masaccio.

Il reste un moment en contemplation la tête levée, puis se retourne vers Fabrizio.

Alors c'est un grand jour pour autre chose aussi n'est-ce pas?

FABRIZIO

Oui, c'est la formation du corps expéditionnaire italo-canadien pour la guerre d'Éthiopie.

LE CONSUL

Combien êtes-vous en tout?

FABRIZIO

Déjà deux cent onze volontaires, Monsieur le Consul: pas mal du tout. Notre colonie a bien répondu à l'appel de la patrie! Il faut d'ailleurs que j'y aille.

LE CONSUL

Bonne chance à vous tous, et au revoir à Addis Abeba!

Il esquisse le geste de lui serrer la main, mais Fabrizio répond.

FABRIZIO

Merci, Monsieur le Consul. Mais avant, il me reste un petit devoir à accomplir.

Il regarde vers les deux femmes. Le consul fait signe de la main à Clotilde. Elles se lèvent et s'approchent toutes deux.

CLOTILDE

Après la conquête du Canada, l'Afrique vous attend!

FABRIZIO

Regardant Geneviève.

Mes plus belles conquêtes, Madame, je les fais dans les salons.

CLOTILDE

En tout cas, je vous souhaite sincèrement bonne chance. Je suis certaine que sous votre commandement le corps expéditionnaire montréalais se couvrira de gloire! Les gens qui vous connaissent n'en attendent pas moins de vous.

Elle adresse un signe de tête entendu à Geneviève et prend le bras de son mari.

Allons-y, Scipione!

Fabrizio fait un baise-main à Clotilde, le salut fasciste au Consul qui le lui rend. Le couple sort.

GENEVIÈVE

Ah! mon Scipione Africano!

Elle rit et l'étreint.

Toutes les belles choses ont une fin!

FABRIZIO

Ce que j'ai toujours apprécié chez vous, Geneviève, c'est votre sens du réalisme, et l'art de savoir où et quand arrêter. Permettez-moi toutefois de souligner que j'ai été heureux à Montréal, et avec vous, Madame... Vous savez vous faire désirer et aimer des hommes. Ce n'est pas une mince qualité, et la plupart des femmes ne l'ont pas! Esprit libre qui ne s'attache pas: vous êtes le plus beau souvenir que j'emporte avec moi!

GENEVIÈVE

La vie est belle quand elle est imprévisible, nous nous reverrons à Florence peut-être... Soyez courageux, Fabrizio, je sais que vous repenserez à nos moments heureux!

Ils s'embrassent. Toute la scène s'éteint. La diapositive au fond de la scène se rallume. C'est toujours la fresque mais au plan rapproché sur le détail des autorités civiles avec Mussolini. On entend la chanson: Faccetta Nera.

TREIZIÈME SCÈNE

La cuisine d'un petit appartement modeste. Cathy en robe de chambre, verse de l'eau dans une cafetière. Elle prend une cigarette, l'allume, quand on entend frapper à la porte. Elle se tourne surprise, rajuste sa robe, hésite un peu, passe sa main sur ses cheveux et va ouvrir. Devant elle se tient Villani, un œil au beurre noir, l'autre avec un pansement autour de la tête. Cathy éclate de rire et lui fait signe d'entrer.

CATHY

Cette fois-ci, ils t'ont bien arrangé, c'est incroyable, tu es toujours le même! Têtu comme une mule! Entre, entre, viens t'asseoir, je me faisais justement un café, tu en veux une tasse?

VILLANI

Oui, merci.

Il va s'asseoir près de la table.

CATHY

Cathy met la cafetière et deux tasses sur un plateau, l'apporte sur la table, s'assoit et verse le café. Elle le regarde et éclate de rire à nouveau.

Excuse-moi, Michele, mais je ne peux pas m'en empêcher.

VILLANI

Ah, je suis comme ça.

Ils boivent en silence, se regardent.

CATHY

Mais qu'est-ce qui t'est encore arrivé cette fois-ci?

VILLANI

Tu sais comme je suis: je ne lâche pas si je crois vraiment à un principe. Tu n'as pas encore lu les journaux?

Il désigne de la tête un journal plié sur un guéridon.

Hier nous étions au congrès de Fondation du CCF au Québec: tu sais, le nouveau parti socialiste: Canadian Commonwealth Federation de Woodsworth. Il y avait là Norman Bethune, Woodsworth lui-même, le professeur Salvemini venu des États-Unis, beaucoup d'autres camarades, de diverses origines. Même ton père était venu. Woodsworth a expliqué aux congressistes que le nazisme et le fascisme ne sont pas seulement un problème européen. Il faut donc rejeter l'attitude isolationniste défendue par le gouvernement d'Ottawa. Tôt ou tard, si nous ne sommes pas vigilants, la tyrannie arrivera aussi jusqu'en Amérique. D'ailleurs, c'est aussi ce que Salvemini a souligné dans son discours.

CATHY

Oui, mais tu me dis toujours pas qui t'a mis dans cet état?

Villani ne répond pas et reprend le fil de son discours.

VILLANI

Toi non plus, tu ne changes pas. Tu n'écoutes jamais quand on te parle de choses sérieuses! Salvemini a bien su nous expliquer les origines historiques du fascisme: c'est l'incapacité des forces démocratiques à s'organiser et à faire face aux actes de provocation des *squadristi*, qui ont permis à Mussolini de faire ce qu'il appelle pompeusement: *La Marche sur Rome*. La faute est surtout celle du roi Victor-Emmanuel, qui n'a pas permis de faire la lumière sur le meurtre du député socialiste Giacomo Matteotti. Après ça Mussolini a terrorisé la magistrature et imposé son régime de violence. Et justement hier, les fascistes se sont implantés en Éthiopie aussi.

CATHY

Ah oui? Et comment ça?

VILLANI

Mais dans quel monde vis-tu? Tu n'as pas entendu les nouvelles de l'entrée des troupes fascistes à Addis-Abeba?

CATHY

Oh tu sais, Michele, moi la politique...

VILLANI

Ça doit t'intéresser! Ce sont des attitudes comme la tienne qui permettent aux fascistes de n'importe quelle chemise, d'exercer leur violence.

Il montre ses pansements.

Ici même à Montréal au congrès d'hier, on s'est fait attaquer par des fascistes d'origine italienne et les nazis d'Adrien Arcand! Ce sont eux qui m'ont fait ça! Si ça continue comme ça, la guerre est inévitable.

CATHY

Peut-être bien, Michele. Mais si *tu* continues comme ça, tu vas finir par te faire tuer ou bien chasser du Canada, comme tu t'es fait chasser d'Italie. Depuis que je te connais, tu ne fais que parler de liberté, mais regarde dans quel état t'ont réduit tes bons principes...

VILLANI

Mais justement, Caterina! C'est ça la liberté: c'est l'exercice de la responsabilité personnelle, c'est savoir choisir entre son bonheur et ses principes.

Un moment de silence.

D'ailleurs, j'ai l'impression que tu as dû commencer à le comprendre.

Cathy détourne la tête, met les tasses sur le plateau et déssert.

Regardant autour de lui.

C'est plutôt petit ici, mais c'est toi... c'est drôle, comme une maison révèle le tempérament de la personne qui l'habite. Et ton travail? Tu es toujours chez Tickman, n'est-ce pas?

CATHY

Oui, oui ça va.

VILLANI

Apercevant des magazines sur la table.

Tu lis même des journaux en italien...

Il se tait un moment, un silence gêné s'installe. Il la regarde puis d'un ton soudain résolu:

Écoute, Caterina, je suis venu te voir parce que j'ai une mauvaise nouvelle à t'annoncer.

Caterina se tait, mais on sent qu'elle est anxieuse de savoir.

Allume une cigarette.

Fabrizio...

CATHY

Sursaute.

Puis?

VILLANI

Il est mort.

Cathy se lève, s'approche de la fenêtre, lui

tourne le dos, regarde dehors, tire le
rideau. D'une petite voix:

CATHY

Comment?

VILLANI

Quelques jours avant la fin des hostilités, il a été touché par une balle. Dans la dépêche consulaire, on parle des volontaires italo-canadiens en Éthiopie, et du courage du capitaine Tincheri.

Silence tendu. Cathy continue de regarder
dehors. Elle se tourne lentement vers Vil-
lani et dit enfin d'une voix triste:

CATHY

Il était déjà mort pour moi.

Elle revient s'asseoir, essuie furtivement
ses yeux.

VILLANI

Caterina, il ne faut plus penser au passé. Tu es toute jeune, de plus en plus belle. Tellement d'expériences nouvelles... et de bonheur t'attendent... Tu sais que je suis ton ami... depuis toujours. Je pourrais être davantage, si tu voulais.

Cathy le regarde avec un petit sourire triste. Villani fume nerveusement.

À propos, j'ai vu tes parents.

CATHY

L'interrompant d'un ton amer.

Eux... est-ce que je suis encore leur fille?

VILLANY

Mais bien sûr, Cathy! Si tu savais combien ils t'aiment! Avoue que ce n'était pas facile pour eux d'accepter ta décision. Il faut les comprendre. Mais ils changent eux aussi, surtout ta mère: tu sais qu'elle s'est battue pour toi quand, à son travail, on a osé dire du mal de ta conduite. Comme c'est étrange, tu lui ressembles de plus en plus!

Il met une cigarette dans sa bouche en la regardant, frotte une allumette, l'allume, garde l'allumette dans ses doigts. Il se brûle, la jette précipitamment dans le cendrier et le renverse. Cathy éclate de rire. Villani lui prend les mains et ajoute:

Cathy, je parlerai à tes parents, ils sont aussi têtus que toi, mais ils t'aiment tellement!

Ils restent en se tenant les mains. Le rideau tombe.

Musique de marche militaire: la chanson des Brigades Internationales.

Projection de diapositives: le Docteur Norman Bethune; le bataillon Papineau-McKenzie à la gare; images de la guerre civile d'Espagne; le retour des volontaires d'Espagne.

Noir.

On change de musique: chanson des fascistes italiens en Espagne. Projection de la diapositive de la fresque. Détail des autorités civiles: Mussolini à cheval.

Achevé d'imprimer
en septembre 1985 sur les presses
des Ateliers Graphiques Marc Veilleux Inc.
Cap-Saint-Ignace, Qué.